W0418623

Cocottes et mijotés

Pour cuisiner sans stresser

CLOROPHYL
EDITIONS

Sommaire

Desserts

Index

Trucs et astuces

Pour cuisiner sans stresser

Les bons ustensiles

- **Une cocotte en fonte émaillée :** la cocotte en fonte est l'ustensile idéal pour cuisiner les plats mijotés. Privilégiez les modèles qui proposent des couvercles à réserve d'eau. Ils permettent une véritable cuisson à l'étouffée, sans avoir besoin d'ouvrir le couvercle. Choisissez votre cocotte selon vos besoins : ronde pour les mijotés, ovales pour les volailles ou les rôtis, petite pour tous les jours ou plus grande pour les plats uniques. Vous pouvez utiliser votre cocotte en fonte sur tous les types de feu, ainsi que dans le four. Pensez à toujours mettre un peu de matière grasse avant de démarrer la cuisson. Faites monter la température de cuisson progressivement et utilisez des ustensiles en bois ou en silicone pour ne pas rayer votre cocotte.
- **Un autocuiseur :** ustensile idéal des cuissons à la vapeur, l'autocuiseur ou cocotte minute permet aussi la préparation des mijotés. Grâce à une fermeture totalement hermétique, l'autocuiseur atteint des températures très élevées en un temps record. Il divise ainsi les temps de cuisson classique par deux ou trois. Faites revenir les viandes dans un peu d'huile, directement dans l'autocuiseur, ajoutez tous les ingrédients et versez de l'eau à fleur. Démarrez la cuisson sur feu vif. Dès le premier sifflement, baissez le feu et comptabilisez le temps de cuisson.
- **Un plat à tajine :** plat traditionnel du Maghreb, le plat à tajine idéal est artisanal en terre cuite vernissée, utilisé avec un diffuseur de chaleur entre le plat et la plaque de cuisson. Vous trouverez aussi des plats modernes en fonte émaillée. Les plats traditionnels colorés ne sont pas adaptés à la cuisson. Son couvercle conique favorise la diffusion du parfum des épices et des herbes.

Du côté de la cave*

- **La décantation** permet de séparer le vin de ses dépôts. Les vieux millésimes s'accordent très bien aux plats mijotés. Ils nécessitent souvent d'être décantés. Attention, tous les vieux vins ne supportent pas cette oxygénation très brutale. Si vous décantez un vin, faites-le juste quelques minutes avant de le boire afin de ne pas lui faire perdre son caractère et sa force.

Gagner du temps

- **Mijotés, braisés, ragoûts** sont des recettes qui nécessitent un temps de cuisson long, à feu très doux. N'espérez donc pas des recettes savoureuses en réduisant le temps de cuisson. Mais sachez qu'une fois les ingrédients dans la cocotte, les mijotés ne demandent quasiment pas de surveillance. Ils restent chauds longtemps, peuvent mijoter doucement en attendant que vous passiez à table. Ils vous font ainsi gagner un temps précieux lorsque vos invités sont là. *Bœuf bourguignon aux carottes – Bohana gost – Cocotte de chorizo aux haricots – Haricot de mouton – Petit salé aux lentilles – Pot-au-feu – Tajine d'agneau aux fruits secs – Tajine de poulet aux pommes de terre – Pommes farcies aux fruits secs.*
- **Légumes :** c'est souvent l'épluchage des légumes qui prend le plus de temps dans la préparation des braisés et des mijotés. Quand vous êtes très pressé, utilisez certains légumes surgelés (carottes, oignons, potiron...). *Potage de carottes au beurre à l'orange - Soupe paysanne – Velouté de fenouil et de potiron – Bohana gost – Lapin aux carottes et aux champignons – Sauté d'agneau au curry et aux raisins secs.*

* Les vins sont donnés à titre de suggestion. L'abus d'alcool est dangereux pour la santé. À consommer avec modération.

Cuisiner en avance

- **Cuisinez la veille :** les cocottes et les mijotés sont souvent meilleurs réchauffés le lendemain. Profitez-en pour les préparer la veille. Une fois la cocotte refroidie, placez-la au frais et faites-la réchauffer très doucement le lendemain, en ajoutant un peu d'eau si nécessaire. *Ratatouille - Tajine de fruits secs au miel – Blanquette de veau – Cassoulet – Coq au vin – Poule au pot – Sauté d'agneau au curry – Tajine d'agneau aux fruits secs.*
- **Doublez les quantités :** la plupart des mijotés se congèle très bien. Il est aussi facile de préparer un plat pour 4 ou 8 personnes, il suffit d'augmenter les proportions. Congelez les surplus dans des boîtes en plastique hermétiques. Il vous suffira de les décongeler la veille, à température ambiante, et de les faire réchauffer à feu très doux le jour même. *Bœuf bourguignon aux carottes – Coq au vin – Lapin aux carottes et aux champignons – Poulet basquaise – Compotée d'abricots à la lavande – Compotées d'été.*
- **Viandes :** utilisez les restes le lendemain pour préparer un hachis, qui aura une délicieuse saveur d'antan. *Bœuf bourguignon aux carottes – Pot-au-feu.*

Remplacer un ingrédient

- **Bœuf :** choisissez les morceaux en fonction de vos goûts : paleron, macreuse, gîte, poitrine, collier...Et pour les inconditionnels, n'oubliez pas l'os à moelle que vous enfermerez dans une mousseline. *Pot-au-feu.*
- **Alcool :** la cuisson longue en cocotte permet l'évaporation totale des alcools, ce qui autorise à servir ces plats délicieux aux enfants. Si néanmoins vous ne souhaitez pas utiliser d'alcool, remplacez-le par de la bière sans alcool, du bouillon maison ou par un peu de vinaigre coupé d'eau. *Bœuf bourguignon aux carottes – Coq au vin – Choucroute – Figues aux fruits secs.*
- **Poulet, agneau :** les tajines peuvent être réalisés avec de l'agneau, du poulet ou du bœuf. Choisissez les ingrédients selon vos envies et les opportunités du marché. *Tajine d'agneau aux fruits secs – Tajine de poulet aux poivrons – Tajine de poulet aux pommes de terre.*

Les ingrédients de base

- **Viandes :** la qualité et le choix des morceaux sont essentiels à la réussite de vos plats. Demandez conseil à votre boucher et n'hésitez pas à mélanger différents morceaux : vos plats seront plus riches en goût et en textures. Pour un mijoté, la viande est entièrement plongée dans du liquide et cuit à petits frémissements. Pour un braisé, les morceaux de viande revenus dans un peu de matière grasse cuisent longtemps à feu très doux dans très peu de liquide. Une astuce pour attendrir la viande : faites-la mariner une nuit avec du vin, des carottes, des oignons, du poivre et des épices, ou arrosez-la de cognac une demi-heure avant de la faire cuire. *Blanquette de veau – Bœuf bourguignon aux carottes – Cassoulet – Petit salé aux lentilles – Pot-au-feu.*
- **Bouillon :** si vous en avez le temps, préparez vous-même le bouillon, c'est simple et tellement plus savoureux ! Si vous manquez de temps, utilisez des tablettes à diluer. Bouillon froid ou chaud pour la viande ? Choisissez en fonction de vos préférences : si vous plongez la viande dans de l'eau chaude, les sucs resteront emprisonnés dans la viande qui aura plus de moelleux et plus de goût. Si vous ajoutez de l'eau froide, les sucs iront dans le bouillon et lui donneront plus de goût. Dans tous les cas, pensez à jeter la matière grasse qui a servi à faire revenir les viandes avant de verser le bouillon, et écumez régulièrement pour que le bouillon reste clair. *Cassoulet – Coq au vin – Haricot de mouton – Petit salé aux lentilles – Pot-au-feu*
- **Herbes et épices :** elles sont les incontournables des braisés et des mijotés. Utilisez des herbes de préférence fraîches, et si vous ne pouvez pas vous en procurer, sachez que les herbes surgelées restituent plus de parfums que les herbes sèches. Utilisez des épices en poudre pour les cuissons longues, sauf pour la coriandre qui est à utiliser en graines. *Bœuf à l'exotique – Couscous au poulet – Tajine d'agneau aux fruits secs – Confit d'abricots au sésame et au basilic.*

Potage de carottes au beurre à l'orange

Préparation **15 min** | Cuisson **20 min** | Difficulté ★★ | Budget ⬭

Les Ingrédients
pour 6 personnes

- 750 g de carottes
- 1 orange
- 2 oignons
- 3 cuill. à soupe de crème fraîche
- 150 g de beurre mou
- 5 cuill. à soupe d'huile
- 6 brins de persil plat
- Sel

- Sortez le beurre du réfrigérateur afin qu'il ramollisse. Pelez les oignons et épluchez les carottes. Hachez les oignons et râpez les carottes finement.

- Faites chauffer l'huile dans une cocotte. Faites-y revenir les oignons sans coloration, puis ajoutez les carottes râpées. Mélangez et versez 1 l d'eau dans la cocotte. Salez et couvrez. Faites cuire 15 minutes.

- Pendant ce temps, travaillez le beurre en pommade. Pressez le jus de l'orange et incorporez-le au beurre en mélangeant. Mettez ensuite le beurre à l'orange au réfrigérateur.

- Quand le temps de cuisson de la soupe est terminé, mixez-la jusqu'à ce qu'elle soit lisse. Remettez-la dans la cocotte sur feu doux et ajoutez la crème fraîche en mélangeant. Faites réchauffer jusqu'aux premiers bouillons.

- Versez la soupe dans des bols et ajoutez une noisette de beurre à l'orange et une pluche de persil dans chaque bol. Servez les potages accompagnés du reste de beurre à l'orange.

Vin conseillé Graves blanc à 9 °C

Ratatouille

Préparation **20 min** Cuisson **55 min** Difficulté ★ Budget ⬭

Les Ingrédients
pour 6 personnes

- 6 courgettes
- 3 aubergines
- 3 tomates
- 3 poivrons verts
- 2 oignons
- 1 gousse d'ail
- 3 branches de thym frais
- Huile d'olive
- Sel, poivre

- Lavez tous les légumes et coupez-les en cubes. Pelez et émincez les oignons et l'ail.
- Faites chauffer l'huile dans une cocotte. Ajoutez les poivrons, les oignons, l'ail et les aubergines, et faites-les revenir à feu moyen pendant 15 minutes en remuant.
- Ajoutez les courgettes et poursuivez la cuisson 10 minutes à feu moyen en remuant.
- Incorporez enfin les tomates et le thym, baissez le feu, puis salez et poivrez. Couvrez et faites mijoter pendant 30 minutes en remuant souvent.
- Servez chaud en accompagnement d'une viande ou froid en salade.

Vin conseillé Côtes de Provence rosé à 9 °C

Soupe épicée au lait de coco et au poulet

Préparation **15 min** Cuisson **25 min** Difficulté ★ Budget ⬭

Les Ingrédients
pour 6 personnes

- 3 blancs de poulet
- 50 cl de lait de coco
- 30 cl de bouillon de volaille
- 1 piment rouge
- Le jus d'un citron
- 2 gousses d'ail
- 2 tiges de coriandre
- 1 cuill. à soupe d'huile
- Sel, poivre

Épépinez et émincez finement le piment. Taillez les blancs de poulet en lamelles fines. Lavez, séchez, effeuillez et ciselez la coriandre. Pelez et hachez les gousses d'ail.

Faites chauffer l'huile dans une casserole. Faites-y revenir l'ail et le piment 1 minute en remuant.

Versez le bouillon et le lait de coco dans la casserole. Faites chauffer doucement en remuant régulièrement. Aux premiers frémissements, ajoutez les lamelles de poulet et poursuivez la cuisson 20 minutes sans laisser bouillir.

Au dernier moment, ajoutez le jus de citron et la coriandre. Salez et poivrez.

Répartissez dans des bols et servez aussitôt.

Vin conseillé Moulin à Vent à 14 °C

Soupe paysanne

Préparation **25 min** Cuisson **1 h 25** Difficulté ★★ Budget ◯

Les Ingrédients
pour 6 personnes

- 500 g de chair à saucisses
- 150 g de poitrine fumée
- 2 tranches de pain de mie
- 1 chou vert
- 2 oignons
- 6 carottes
- 1 œuf
- 50 g de beurre
- 5 cl de lait
- Sel, poivre

- Séparez les feuilles de chou les unes des autres. Lavez et séchez-les, puis émincez-les. Pelez et émincez les oignons. Épluchez et coupez les carottes en dés. Détaillez la poitrine fumée en lardons.

- Faites fondre le beurre dans une grande cocotte. Faites-y revenir les oignons sans coloration à feu doux pendant 3 minutes en remuant. Ajoutez le chou, les carottes et les lardons. Couvrez largement d'eau, salez, poivrez, puis couvrez. Faites cuire à feu doux pendant 1 heure.

- Pendant ce temps, retirez la croûte des tranches de pain de mie. Trempez la mie dans le lait, puis émiettez-la dans un saladier. Ajoutez la chair à saucisses et l'œuf entier. Malaxez le tout, puis faites des petites boulettes de cette préparation.

- À la fin du temps de cuisson de la soupe, ajoutez-y les boulettes de chair à saucisses et poursuivez la cuisson 20 minutes.

- Servez très chaud.

Vin conseillé Mâcon rouge à 13 °C

Soupe vietnamienne au saumon

Préparation **20 min** | Cuisson **25 min** | Difficulté ★★ | Budget

Les Ingrédients

pour 6 personnes

- 6 petits pavés de saumon
- 250 g de nouilles vietnamiennes
- 2 l de bouillon de volaille
- 2 carottes
- 2 oignons
- 4 tiges de coriandre fraîche
- 4 tiges de basilic
- 1 piment rouge
- 1 étoile de badiane
- 1 petit morceau de gingembre frais
- 6 cuill. à soupe d'huile de sésame
- Sel

Pelez les carottes et les oignons. Hachez les oignons. Râpez les carottes avec une grosse râpe. Lavez, séchez et effeuillez la coriandre et le basilic. Lavez, épépinez et émincez le piment. Épluchez et râpez le gingembre avec une grosse râpe.

Faites chauffer l'huile dans une grande poêle. Jetez-y l'oignon haché et faites-le frire à feu vif. Quand il est bien coloré, retirez-le de la poêle et réservez-le. Posez les pavés de saumon dans la poêle chaude et faites-les cuire 7 minutes à feu moyen sans les retourner. Salez, puis saisissez-les ensuite rapidement de l'autre côté et ôtez-les de la poêle. Réservez-les au chaud.

Versez le bouillon de volaille dans une grande casserole et portez à ébullition. Ajoutez le piment, la badiane, le gingembre et les carottes râpées. Faites bouillir 5 minutes, puis ajoutez les nouilles et poursuivez la cuisson selon les indications du paquet.

Répartissez le bouillon et sa garniture dans des bols. Ajoutez les feuilles de coriandre et de basilic, puis posez un pavé de saumon et parsemez-le d'oignons frits. Servez les soupes sans attendre.

Vin conseillé Pouilly Fumé à 9 °C

Velouté de fenouil et de potiron

Préparation **15 min** Cuisson **25 min** Difficulté ★ Budget ⬭

Les Ingrédients

pour 6 personnes

- 1 quartier de potiron
- 2 bulbes de fenouils
- 2 pommes de terre
- 50 cl de crème fraîche épaisse
- 1 pincée de muscade
- 6 pluches d'aneth
- Sel, poivre

Coupez le potiron en morceaux, puis épluchez-le. Coupez les bases des fenouils et séparez les feuilles les unes des autres. Coupez-les ensuite en morceaux. Pelez et coupez les pommes de terre en morceaux.

Mettez les morceaux de potiron, de fenouils et de pommes de terre dans une casserole et couvrez d'eau à fleur. Couvrez et mettez sur le feu. Faites cuire jusqu'à ce que les légumes soient tendres.

Retirez la casserole du feu et mixez jusqu'à obtention d'une soupe fine. Ajoutez 30 cl de crème fraîche, la muscade, puis salez et poivrez.

Remettez sur feu doux en mélangeant. Aux premiers bouillons, retirez du feu. Rectifiez l'assaisonnement.

Versez la soupe dans des bols. Ajoutez une petite cuillère de crème fraîche dans chaque bol, décorez d'une pluche d'aneth et servez aussitôt.

Vin conseillé Coteaux du Languedoc blanc à 9 °C

Blanquette de veau

Préparation **1 h** | Cuisson **2 h 10** | Difficulté ★★ | Budget

Les Ingrédients
pour 6 personnes

- 1,2 kg d'épaule de veau désossée et coupée en morceaux
- 300 g de champignons de Paris
- 8 carottes
- 3 poireaux
- 1 gros oignon
- 1 gousse de vanille
- 2 clous de girofle
- 1 bouquet garni
- 1 citron
- 30 cl de vin blanc sec
- 70 g de beurre
- 70 g de farine
- 3 jaunes d'œufs
- 30 cl de crème liquide
- Sel, poivre

Mettez les morceaux de viande dans une marmite et couvrez d'eau froide. Portez à ébullition et écumez parfaitement. Pelez et nettoyez tous les légumes. Coupez deux carottes en tronçons et piquez l'oignon de clous de girofle. Ajoutez le vin blanc, l'oignon, les carottes et le bouquet garni. Salez, poivrez et faites cuire 1 heure à petits frémissements.

Faites blanchir les champignons émincés 1 minute dans de l'eau citronnée, puis égouttez-les. Coupez les carottes restantes en rondelles. Émincez les poireaux.

Faites cuire les carottes 10 minutes dans de l'eau bouillante salée, puis ajoutez les poireaux et prolongez la cuisson 10 minutes. Égouttez et réservez au chaud. Égouttez la viande et filtrez le bouillon.

Faites fondre le beurre dans une sauteuse, ajoutez les morceaux de viande et faites étuver 10 minutes. Saupoudrez de farine, mélangez et versez le bouillon. Ajoutez la gousse de vanille fendue en deux. Faites cuire 20 minutes. Retirez la viande et les oignons, et maintenez-les au chaud. Faites bouillir la sauce 5 minutes. Fouettez les jaunes d'œufs et la crème. Ajoutez-leur un peu de bouillon, mélangez et reversez le tout dans la sauteuse en fouettant.

Remettez la viande et les légumes dans la sauteuse et faites réchauffer sans faire bouillir. Servez très chaud avec du riz.

Vin conseillé Chardonnay à 9 °C

Bœuf à l'exotique

Préparation **35 min** | Cuisson **45 min** | Difficulté ★★ | Budget

Les Ingrédients

pour 6 personnes

- 1 kg de viande de bœuf hachée
- 2 oignons
- 3 carottes
- 50 g de raisins secs blonds
- 50 g d'amandes mondées
- 1 petit bouquet de menthe
- 1 petit bouquet de coriandre
- 1 œuf
- 1 bâton de cannelle
- ½ cuill. à café rase de piment séché et broyé
- 2 cuill. à soupe de farine
- Huile d'olive
- Sel, poivre

Lavez et séchez la menthe et la coriandre. Réservez deux tiges de coriandre de côté. Effeuillez et hachez très finement le reste des herbes.

Dans un saladier, mélangez la viande, la menthe, la coriandre, l'œuf et la farine. Salez et poivrez. Formez des boulettes de viande, posez-les dans une assiette et placez-les au frais. Pelez et émincez les oignons. Épluchez et coupez les carottes en rondelles.

Faites chauffer deux cuillères à soupe d'huile d'olive dans un tajine ou dans une cocotte possédant un couvercle. Faites-y revenir les oignons jusqu'à ce qu'ils soient dorés. Ajoutez alors les carottes, les raisins, les amandes, le bâton de cannelle cassé en morceaux et le piment. Salez et poivrez.

Couvrez et faites cuire 20 minutes à feu doux. Ajoutez alors les boulettes de viande dans le tajine et poursuivez la cuisson, toujours à couvert, pendant 20 minutes.

Servez dès la fin de la cuisson directement dans le tajine et décorez des tiges de coriandre réservées.

Vin conseillé Médoc à 14 °C

Bœuf bourguignon aux carottes

Préparation **20 min** Cuisson **4 h 15** Difficulté ★ Budget

Les Ingrédients
pour 6 personnes

- 1,2 kg de bœuf à bourguignon
- 1 kg de carottes
- 3 tomates
- 3 oignons
- 1 gousse d'ail
- 50 g de lardons
- 75 cl de Bourgogne rouge
- 2 cuill. à soupe d'huile
- 3 cuill. à soupe de farine
- 40 g de beurre
- 3 clous de girofle
- 3 branches de thym
- 2 feuilles de laurier
- Fleur de sel
- Poivre en grains concassé

Coupez la viande en cubes. Épluchez et coupez les carottes en rondelles. Pelez et émincez les oignons et l'ail. Lavez et coupez les tomates en morceaux.

Faites chauffer l'huile dans une cocotte. Faites-y dorer les morceaux de viande. Quand ils sont bien colorés, retirez-les de la cocotte et remplacez-les par les oignons, l'ail et les lardons. Faites-les dorer à leur tour.

Remettez les morceaux de viande et ajoutez les morceaux de tomates. Arrosez de vin rouge, puis baissez le feu. Couvrez et faites mijoter à feu très doux pendant 3 heures.

Ajoutez alors les rondelles de carottes, le thym, le laurier et les clous de girofle. Salez, poivrez et poursuivez la cuisson 1 heure.

Mélangez le beurre et la farine, et incorporez-les. Poursuivez la cuisson 10 minutes à découvert et servez très chaud accompagné de pommes de terre vapeur ou de tagliatelles.

Vin conseillé Bourgogne rouge à 13 °C

Bohana gost

Préparation **20 min** Cuisson **1 h 45** Difficulté ★ Budget ⬭

Les Ingrédients

pour 6 personnes

- 1,2 kg de sauté de porc
- 500 g de tomates pelées en conserve
- 2 oignons
- 2 gousses d'ail
- 1 cuill. à café de piment de Cayenne
- 4 cuill. à soupe d'huile d'arachide
- 2 tiges de coriandre
- Sel

Égouttez les tomates et concassez-les grossièrement. Pelez et hachez les oignons et les gousses d'ail. Faites chauffer l'huile dans une cocotte.

Ajoutez les morceaux de viande et faites-les dorer de tous les côtés. Quand ils sont colorés, retirez-les de la cocotte avec une écumoire. Réservez-les.

Faites revenir le hachis d'ail et d'oignon dans la cocotte en remuant jusqu'à ce qu'il soit translucide.

Remettez les morceaux de viande, poudrez-les de piment de Cayenne et ajoutez les tomates concassées. Salez et mélangez. Couvrez et faites mijoter à feu doux pendant 1 heure 30.

Servez dès la fin de la cuisson en décorant de brins de coriandre et en accompagnant de riz basmati.

Vin conseillé Bergerac rouge à 16 °C

Cassoulet

Préparation **45 min** Cuisson **4 h 20** Repos **12 h** Difficulté ★★ Budget

Les Ingrédients

pour 6 personnes

- 1 kg de haricots blancs secs
- 1 jambonneau demi-sel
- 2 saucissons à cuire
- 3 cuisses de canard confites
- 500 g de saucisses de Toulouse
- 225 g de couenne fraîche
- 2 oignons piqués d'un clou de girofle
- 2 carottes
- 1 gousse d'ail
- 2 tomates
- 2 branches de thym
- Chapelure
- Sel, poivre

Faites tremper les haricots dans de l'eau froide pendant 12 heures. Le lendemain, faites blanchir le jambonneau dans de l'eau bouillante une dizaine de minutes. Égouttez le jambonneau et les haricots, et mettez-les dans une marmite avec les saucissons, les oignons et les branches de thym.

Pelez et coupez les carottes en morceaux, et ajoutez-les dans la marmite. Couvrez d'eau froide à fleur et portez à ébullition. Aux premiers frémissements, baissez le feu et faites cuire 1 heure à petits bouillons. Préchauffez le four th 4/5 (130 °C). Frottez à l'ail l'intérieur d'une cocotte allant au four et possédant un couvercle. Coupez les tomates en dés.

À la fin du temps de cuisson, mettez la couenne dans le fond de la cocotte. Versez la moitié des haricots par-dessus. Recouvrez de jambonneau et de saucissons coupés en tranches. Poivrez et salez légèrement, et recouvrez du reste de haricots et de dés de tomates. Versez le bouillon de cuisson et les légumes. Couvrez et enfournez 2 heures 30.

Ajoutez les cuisses de canard confites et les saucisses de Toulouse préalablement grillées et enfournez 20 minutes supplémentaires. Allumez le gril du four. Saupoudrez de chapelure et faites gratiner 15 minutes. Servez très chaud directement dans la cocotte de cuisson.

Vin conseillé Fitou à 16 °C

Choucroute

Préparation **20 min** Cuisson **3 h** Difficulté ★★ Budget

Les Ingrédients

pour 6 personnes

- 1,5 kg de choucroute crue
- 400 g de poitrine de porc fumée
- 6 saucisses de Strasbourg
- 3 saucisses de Morteau
- 6 tranches de jambon cuit
- 75 cl de vin blanc d'Alsace
- 10 baies de genièvre
- 1 oignon piqué d'un clou de girofle
- 2 carottes
- 50 g de saindoux

Rincez la choucroute deux fois de suite à l'eau froide. Pelez et coupez les carottes en gros tronçons.

Coupez le beurre en parcelles dans le fond d'une grande cocotte possédant un couvercle. Répartissez la choucroute par-dessus. Ajoutez l'oignon piqué, les tronçons de carottes et les baies de genièvre au milieu de la choucroute.

Versez le vin blanc par-dessus le tout et placez sur feu doux. Faites cuire 2 heures, puis ajoutez la poitrine de porc et poursuivez la cuisson 30 minutes.

Pendant ce temps, piquez les saucisses de Strasbourg et de Morteau. Ajoutez-les à leur tour dans la cocotte et poursuivez la cuisson 30 minutes.

Répartissez la choucroute, les saucisses et la poitrine dans des assiettes. Ajoutez les tranches de jambon et servez aussitôt avec quelques pommes vapeur.

Vin conseillé Alsace-Riesling à 9 °C

Cocotte de chorizo aux haricots

Préparation **15 min** Cuisson **1 h** Repos **12 h** Difficulté ★ Budget ⬭

Les Ingrédients
pour 6 personnes

- 600 g de chorizo en rondelles
- 500 g de haricots blancs secs
- 15 cl de vin blanc sec
- 2 carottes
- 2 oignons
- 1 bouquet garni
- 4 cuill. à soupe d'huile
- 2 branches de thym
- Sel, poivre

Faites tremper les haricots blancs dans de l'eau froide pendant 12 heures.

Le jour même, pelez et coupez les carottes en rondelles. Pelez et émincez les oignons. Faites chauffer l'huile dans une cocotte. Faites-y revenir les oignons à feu vif pendant 2 minutes en remuant.

Ajoutez le thym, les rondelles de carottes, les haricots égouttés et le bouquet garni. Versez le vin blanc. Salez et poivrez, puis ajoutez un verre d'eau. Couvrez et faites cuire 1 heure.

15 minutes avant la fin de la cuisson, ajoutez les rondelles de chorizo et terminez la cuisson à découvert.

Servez dès la fin de la cuisson, directement dans la cocotte.

Vin conseillé Alsace-Pinot gris à 11 °C

Coq au vin

Préparation **45 min** Cuisson **1 h 35** Difficulté ★★ Budget

Les Ingrédients
pour 6 personnes

- 1 coq de 1,8 kg environ avec le foie (facultatif)
- 150 g de lard fumé
- 250 g de champignons de Paris
- 12 petits oignons blancs nouveaux
- 130 g de beurre
- 1 cuill. à soupe de farine
- 2 cl de cognac
- ½ l de vin rouge
- ½ l de bouillon de volaille
- 1 gousse d'ail
- 1 bouquet garni
- 1 branche de persil plat
- Sel, poivre moulu

Découpez le coq en morceaux. Mettez-le dans un plat, salez et poivrez. Réservez le foie. Coupez le lard fumé en petits lardons. Épluchez les oignons. Nettoyez les champignons et émincez-les.

Faites fondre 50 g de beurre dans une cocotte. Ajoutez les lardons et faites-les revenir 5 minutes en remuant, puis ajoutez les champignons et les oignons. Faites revenir 3 minutes, puis retirez le tout de la cocotte et réservez. Farinez les morceaux de volaille et mettez-les dans la cocotte. Faites-les dorer de tous les côtés.

Arrosez de cognac, puis versez le vin rouge et le bouillon. Remettez les champignons, les oignons et les lardons dans la cocotte. Ajoutez le bouquet garni et la gousse d'ail juste écrasée. Baissez le feu au minimum, couvrez et faites cuire pendant 1 heure 15. Pendant ce temps, mixez le foie du coq.

Quand la cuisson du coq est terminée, retirez les morceaux de viande, les légumes et le bouquet garni de la cocotte, et réservez-les au chaud dans un plat. Passez la sauce au travers d'une passoire. Ajoutez-lui le foie mixé, puis le reste de beurre en parcelles, en fouettant toujours. Versez la sauce sur les morceaux de coq.

Parsemez de persil plat et servez avec des pommes vapeur.

Vin conseillé Bordeaux rouge à 15 °C

Couscous au poulet

Préparation **40 min** | Cuisson **1 h 15** | Difficulté ★★ | Budget

Les Ingrédients
pour 6 personnes

- 350 g de semoule de blé fine
- 1 poulet coupé en morceaux
- 3 saucisses de type merguez
- 3 carottes
- 3 navets
- 3 pommes de terre
- 2 oignons
- 1 bouquet de coriandre
- 1 bouquet de persil
- 200 g de pois chiches
- 150 g de raisins de Corinthe
- 80 g de beurre
- 1 dose de safran en filaments
- 2 cuill. à soupe de ras el hanout
- Huile
- Sel, poivre

Faites tremper les raisins et les pois chiches dans de l'eau tiède. Lavez et effeuillez le persil et la coriandre. Pelez et émincez les oignons. Lavez et séchez tous les légumes, puis coupez-les en morceaux.

Faites chauffer deux cuillères à soupe d'huile dans une cocotte. Faites-y dorer les morceaux de poulet. Égouttez les raisins et les pois chiches, et réservez-en un peu pour la semoule. Quand ils sont colorés, ajoutez les pois chiches, les raisins, le persil, la coriandre, les oignons, le safran et le ras el hanout. Ajoutez 2 l d'eau, salez, poivrez et faites cuire 30 minutes. Ajoutez alors les légumes dans le bouillon et prolongez la cuisson 30 minutes.

Pendant ce temps, faites cuire les merguez à la poêle dans un peu d'huile et réservez-les au chaud.

Préparez la semoule selon les indications du paquet. Ajoutez le beurre en parcelles, les raisins et les pois chiches, et mélangez bien en séparant les grains. Réservez au chaud.

Quand le poulet et les légumes sont cuits, versez-les dans un plat. Ajoutez les merguez et servez avec la semoule et le bouillon à part.

Vin conseillé Costières de Nîmes rouge à 16 °C

Curry de poulet à la banane et aux oignons

Préparation **20 min** Cuisson **50 min** Difficulté ★★ Budget ⬭

Les Ingrédients
pour 6 personnes

- 5 blancs de poulet
- 2 bottes de petits oignons blancs
- 3 bananes
- 2 yaourts
- 2 cuill. à soupe de curry en poudre
- 3 cuill. à soupe d'huile
- ½ citron
- Sel

Coupez les blancs de poulet en lanières. Épluchez les oignons.

Faites chauffer l'huile dans une sauteuse. Faites-y revenir les oignons et les morceaux de poulet 5 minutes en remuant. Poudrez de curry. Mélangez hors du feu. Ajoutez deux grands verres d'eau et les yaourts. Salez, mélangez et remettez sur feu doux. Couvrez et faites cuire pendant 30 minutes.

Pendant ce temps, épluchez et coupez les bananes en rondelles épaisses. Citronnez-les pour qu'elles ne noircissent pas.

À la fin du temps de cuisson, ajoutez les rondelles de bananes dans la sauteuse et prolongez la cuisson 15 minutes en remuant de temps en temps.

Versez le curry dans un plat et servez avec du riz basmati.

Vin conseillé Bandol rosé à 9 °C

Haricot de mouton

Préparation **40 min** Cuisson **2 h 35** Difficulté ★★ Budget

Les Ingrédients
pour 6 personnes

- 1,5 kg de collier de mouton en morceaux
- 1 kg de haricots blancs frais ou surgelés
- 2 tomates
- 2 carottes
- 2 gousses d'ail
- 1 oignon
- 1 bouquet garni
- 1 branche de sarriette
- 30 g de beurre
- 2 cuill. à soupe d'huile
- 2 cuill. à café de gros sel
- Poivre du moulin

Mettez les haricots dans une casserole et couvrez-les d'eau froide. Ajoutez le bouquet garni et une cuillère de gros sel. Portez à ébullition. Faites cuire à petits frémissements pendant 30 minutes. Égouttez les haricots à la fin du temps de cuisson.

Pendant ce temps, lavez et coupez les tomates en petits cubes. Épluchez et coupez les carottes en petits dés. Pelez et hachez l'oignon et les gousses d'ail.

Faites chauffer le beurre et l'huile dans une cocotte. Faites-y dorer les morceaux de viande. Retirez-les de la cocotte et remplacez-les par le hachis d'ail et d'oignon. Faites revenir 2 minutes en remuant, puis remettez les morceaux de viande. Salez et poivrez. Versez de l'eau aux trois quarts de la hauteur des ingrédients et couvrez. Faites mijoter 45 minutes. Ajoutez les cubes de tomates et les dés de carottes, et poursuivez la cuisson 45 minutes.

Versez les haricots dans la cocotte. Poursuivez la cuisson 20 minutes, toujours à feu doux.

Servez très chaud, parsemé de feuilles de sarriette.

Vin conseillé Côtes du Lubéron rouge à 15 °C

Lapin aux carottes et aux champignons

Préparation **15 min** Cuisson **1 h 15** Difficulté ★★ Budget ⬭

Les Ingrédients

pour 6 personnes

- 1 lapin coupé en morceaux
- 800 g de carottes
- 500 g de champignons shiitake
- 2 bâtons de cannelle
- 1 oignon
- 3 cuill. à soupe d'huile
- 1 cube de bouillon de volaille
- 3 branches d'estragon
- Sel, poivre

Pelez et coupez les carottes en rondelles. Nettoyez et coupez les champignons en morceaux. Pelez et émincez l'oignon.

Faites chauffer l'huile dans une cocotte et faites-y dorer les morceaux de lapin. Ôtez-les et remplacez-les par l'oignon.

Quand l'oignon est translucide, remettez le lapin, les carottes et les champignons dans la cocotte.

Ajoutez la cannelle, deux branches d'estragon, le cube de bouillon émietté et 20 cl d'eau. Poivrez et salez légèrement. Couvrez et faites cuire 1 heure.

Parsemez d'estragon ciselé et servez chaud avec des tagliatelles.

Vin conseillé Vacqueyras rouge à 17 °C

Lotte aux olives

Préparation **20 min** | Cuisson **20 min** | Difficulté ★★ | Budget

Les Ingrédients
pour 6 personnes

- 1,2 kg de médaillons de lotte
- 125 g d'olives violettes
- 8 filets d'anchois
- 30 cl de fumet de poisson
- 100 g de beurre très froid
- Poivres mélangés moulus

Portez le fumet de poisson à ébullition. Quand il bout, plongez-y les médaillons de lotte et faites-les pocher pendant 5 minutes. Égouttez-les à l'aide d'une écumoire.

Faites fondre 20 g de beurre à feu doux dans une sauteuse. Posez les médaillons de lotte dans la sauteuse, ajoutez les olives et les anchois, et arrosez de deux louches de fumet de poisson chaud. Poivrez et faites cuire à petits frémissements pendant 10 minutes.

Retirez le poisson et la garniture de la sauteuse, et mettez-les dans un plat creux. Réservez au chaud.

Portez le fumet de poisson à ébullition et faites-le réduire d'un tiers. Ajoutez alors le beurre restant en parcelles, en fouettant. Rectifiez l'assaisonnement et versez la sauce sur le poisson.

Servez immédiatement accompagné de pommes de terre cuites à l'eau avec une pointe de couteau de safran.

Vin conseillé Alsace-Sylvaner à 9 °C

Mijoté de morue aux légumes

Préparation **30 min** | Cuisson **40 min** | Repos **12 h** | Difficulté ★★ | Budget

Les Ingrédients

pour 6 personnes

- 900 g de filets de morue
- 250 g de petits cèpes
- 150 g de riz
- 4 pommes de terre
- 1 poivron vert
- 3 gousses d'ail
- 10 cl de vin blanc sec
- 2 cuill. à soupe d'huile
- Sel, poivre

La veille, faites dessaler la morue dans de l'eau froide. Changez l'eau régulièrement en rinçant la morue sous l'eau froide à chaque fois. Le lendemain, égouttez la morue et coupez-la en morceaux.

Pelez et coupez les pommes de terre en gros morceaux. Lavez, épépinez et coupez le poivron en petits dés. Nettoyez les cèpes. Pelez et hachez les gousses d'ail.

Faites chauffer l'huile dans une cocotte. Faites-y revenir l'ail 1 minute, puis ajoutez les morceaux de pommes de terre et de poivron. Versez le vin blanc et ajoutez 15 cl d'eau. Couvrez, baissez le feu et faites cuire 15 minutes. Ajoutez alors les morceaux de morue et les champignons. Poursuivez la cuisson 15 minutes.

Pendant ce temps, faites cuire le riz 10 minutes dans de l'eau bouillante salée. Égouttez-le et ajoutez-le dans la cocotte.

Salez, poivrez et servez aussitôt, directement dans la cocotte.

Vin conseillé Chablis à 9 °C

Petit salé aux lentilles

Préparation **45 min** Cuisson **3 h 05** Repos **24 h** Difficulté ★★ Budget ⬭

Les Ingrédients
pour 6 personnes

- 1 kg de palette de porc salée
- 150 g de poitrine salée
- 600 g de lentilles vertes
- 5 carottes
- 1 oignon
- 2 branches de céleri
- 2 clous de girofle
- 1 bouquet garni
- Sel, poivre

- Faites dessaler la palette pendant 24 heures dans une grande quantité d'eau froide. Égouttez la viande, mettez-la dans une marmite et couvrez-la d'eau froide. Faites cuire pendant 2 heures à petits bouillons.

- Pendant ce temps, pelez et coupez les carottes en longs bâtonnets. Épluchez et émincez les branches de céleri, pelez et piquez l'oignon avec les clous de girofle.

- Dans une grande casserole, mettez les lentilles, l'oignon piqué, les carottes, la poitrine, le céleri et le bouquet garni. Couvrez d'eau froide, salez et portez à ébullition. Baissez le feu et faites cuire pendant 40 minutes.

- Quand la palette est cuite, retirez-la de la marmite à l'aide d'une écumoire et coupez-la en tranches. Versez les lentilles et leur garniture, ainsi que les viandes, dans une grande cocotte à fond épais. Arrosez-les du jus de cuisson des lentilles, poivrez, couvrez et faites cuire pendant 20 minutes.

- Mettez le petit salé aux lentilles dans un plat et servez très chaud.

Vin conseillé Cahors à 15 °C

Porc aux abricots secs

Préparation **20 min** | Cuisson **1 h 40** | Réfrigération **2 h** | Difficulté ★ | Budget ⬭

Les Ingrédients
pour 6 personnes

- 1,5 kg de travers de porc
- 250 g d'abricots secs
- 2 citrons verts
- 2 étoiles de badiane
- 3 cuill. à soupe de miel
- 5 cl de bouillon de volaille
- 6 cuill. à soupe d'huile d'arachide
- Sel, poivre

Coupez les travers de porc en petits morceaux. Mettez-les dans un plat creux. Mélangez quatre cuillères à soupe d'huile et le miel. Salez et poivrez. Versez le mélange sur les travers et mélangez pour bien les enrober. Placez au frais sous film alimentaire pendant 2 heures.

Lavez les citrons et coupez-les en quatre. Faites chauffer le reste d'huile dans une cocotte. Égouttez les morceaux de viande et faites-les dorer dans la cocotte. Ajoutez ensuite les abricots et les quartiers de citrons verts.

Arrosez de la marinade et du bouillon de volaille. Ajoutez les étoiles de badiane. Baissez le feu et couvrez.

Faites cuire pendant 1 heure 30 en mélangeant régulièrement et en rajoutant un peu d'eau en cours de cuisson si nécessaire.

Servez dès la fin de la cuisson, directement dans la cocotte avec des pommes de terre vapeur.

Vin conseillé Côtes de Bourg rouge à 15 °C

Pot-au-feu

Préparation **45 min** Cuisson **4 h 20** Difficulté ★★ Budget

Les Ingrédients

pour 6 personnes

- 600 g de paleron
- 600 g de gîte
- 600 g de plat de côtes
- 1 queue de bœuf
- 1 morceau de poitrine fumée
- 12 carottes
- 8 poireaux
- 6 pommes de terre
- 6 navets
- 2 oignons
- 1 bouquet garni
- 4 clous de girofle
- 25 g de poivres concassés
- Gros sel

Mettez les viandes dans une grande marmite. Couvrez d'eau froide et portez à ébullition. Laissez bouillir 5 minutes. Égouttez la viande et rincez la marmite. Remettez le plat de côtes dans la marmite avec le bouquet garni. Couvrez d'eau froide, portez à ébullition, puis baissez le feu et faites cuire 1 heure en écumant régulièrement.

Nettoyez les légumes. Coupez les carottes et les navets. Piquez les oignons avec les clous de girofle. Ficelez les poireaux. Coupez la poitrine fumée en gros lardons.

À la fin de la cuisson, ajoutez le reste des viandes dans la marmite. Couvrez d'eau et portez à ébullition. Ajoutez le poivre en grains et deux cuillères à soupe de gros sel. Faites cuire 2 heures, puis ajoutez tous les légumes, sauf les pommes de terre, et poursuivez la cuisson 1 heure à petits frémissements. Faites cuire les pommes de terre à part dans de l'eau bouillante salée pendant 20 minutes.

Au terme de la cuisson, retirez la viande et les légumes de la marmite, et mettez-les dans un plat au chaud. Ajoutez les pommes de terre. Filtrez le bouillon et versez-le dans une soupière.

Servez le pot-au-feu accompagné du bouillon, d'un bol de cornichons, de gros sel et de poivres concassés.

Vin conseillé Beaujolais-Villages rouge à 11 °C

Potée

Préparation **45 min** | Cuisson **3 h 40** | Repos **12 h** | Difficulté ★★ | Budget

Les Ingrédients

pour 6 personnes

- 500 g de lard demi-sel
- 1 palette de porc demi-sel
- 3 saucisses de Morteau
- 2 saucissons à l'ail crus
- 3 carottes
- 6 pommes de terre
- 6 petits navets
- 1 gros oignon
- 2 clous de girofle
- 2 branches de céleri
- 400 g de haricots blancs
- 1 bouquet garni
- Sel, poivre

La veille, faites tremper les haricots dans de l'eau froide. Le jour même, mettez la palette et le lard dans une grande marmite. Couvrez d'eau et portez à ébullition. Laissez cuire 15 minutes à petits frémissements. Égouttez les viandes, videz la marmite et rincez-la. Pelez l'oignon et piquez-le avec les clous de girofle.

Remettez les viandes dans la marmite, ajoutez le bouquet garni et l'oignon piqué. Couvrez avec 3 l d'eau froide et faites cuire pendant 2 heures.

Pendant ce temps, coupez les saucisses en morceaux. Pelez les carottes, les pommes de terre et les navets. Coupez le céleri en grands tronçons. Égouttez les haricots. Prélevez 30 cl de bouillon dans la marmite. Mettez-le dans une casserole.

Au terme de la cuisson des viandes, ajoutez les haricots, les carottes et les navets. Faites cuire 30 minutes supplémentaires. Ajoutez le céleri, les saucisses et les saucissons, et poursuivez la cuisson 30 minutes. Pendant ce temps, pelez les pommes de terre et faites-les cuire dans le bouillon réservé.

Mettez toutes les viandes et les légumes dans un grand plat et servez aussitôt.

Vin conseillé Chinon rouge à 16 °C

Poule au pot

Préparation **30 min** Cuisson **1 h 40** Difficulté ★★ Budget

Les Ingrédients

pour 6 personnes

- 1 poule de 1,5 kg avec les abats
- 300 g de chair à saucisses
- 6 carottes
- 6 navets
- 3 gros poireaux
- 2 patates douces
- 2 oignons
- 1 bouquet garni
- ½ baguette rassie
- 5 cuill. à soupe de lait
- 1 petit bouquet de persil
- 6 clous de girofle
- Sel, poivre

Lavez, séchez, effeuillez et hachez le persil. Versez le lait dans un plat creux, ajoutez le persil et plongez-y le pain pour le faire ramollir. Mélangez bien, puis ajoutez la chair à saucisses et les abats de la poule préalablement hachés. Salez et poivrez. Mélangez jusqu'à obtention d'une farce homogène.

Remplissez la poule de farce et cousez soigneusement l'ouverture afin que la farce ne s'échappe pas lors de la cuisson. Placez la poule dans un faitout, couvrez d'eau et portez à ébullition en écumant régulièrement.

Épluchez les légumes. Coupez les carottes en tronçons. Pelez les oignons et piquez-les avec les clous de girofle. Ajoutez les carottes, les navets, les poireaux, les oignons et le bouquet garni dans le faitout, et poursuivez la cuisson 1 heure à petit feu.

Coupez les patates douces en gros morceaux. Ajoutez-les dans le faitout et poursuivez la cuisson 30 minutes. Sortez la poule du faitout, découpez-la en morceaux et disposez-les dans un plat. Ajoutez les légumes.

Servez avec le bouillon de cuisson à part.

Vin conseillé Brouilly à 12 °C

Poulet basquaise

Préparation **30 min** Cuisson **1 h 15** Difficulté ★ Budget

Les Ingrédients

pour 6 personnes

- 1 poulet de 1,5 kg en morceaux
- 100 g de lard fumé
- 1 botte de petits oignons blancs nouveaux
- 4 tomates
- 3 poivrons jaunes
- 2 poivrons verts
- 1 poireau
- 2 bulbes de fenouils
- 3 gousses d'ail
- 10 cl d'huile d'olive
- 10 cl de vin blanc sec
- 1 cuill. à café de paprika
- 1 bouquet garni
- 2 tiges de thym
- Sel, poivre

Salez et poivrez les morceaux de poulet. Poudrez-les de paprika. Pelez et émincez l'ail. Pelez et coupez les oignons en quatre. Coupez le lard en petits lardons.

Lavez les poivrons et les tomates. Retirez les pédoncules. Coupez les poivrons en deux et épépinez-les. Taillez-les en petits dés. Coupez les tomates en petits dés. Épluchez et coupez les bulbes de fenouils en quatre. Épluchez et coupez le poireau en rondelles.

Faites chauffer l'huile dans une grande cocotte. Faites-y dorer les morceaux de poulet. Quand ils sont bien dorés, retirez-les de la cocotte et remplacez-les par le hachis d'ail, les oignons et les lardons. Faites cuire 2 minutes en remuant, puis remettez les morceaux de poulet. Ajoutez les poivrons, les tomates, le fenouil et le poireau.

Faites cuire 2 minutes à feu vif en remuant. Salez et poivrez. Baissez le feu, versez le vin blanc, puis ajoutez le thym et le bouquet garni. Couvrez et faites mijoter pendant 1 heure à feu très doux.

Quand le poulet est cuit, versez-le dans un plat et servez-le immédiatement avec du riz sauvage.

Vin conseillé Premières Côtes de Blaye rouge à 15 °C

Poulet massalé

Préparation **30 min** Cuisson **1 h 15** Difficulté ★★ Budget

Les Ingrédients
pour 6 personnes

- 1 poulet coupé en morceaux
- 5 oignons
- 1 pomme
- 2 yaourts
- 2 cuill. à soupe de garam massala
- 3 cuill. à soupe d'huile
- Sel

Pour le riz :

- 350 g de riz basmati
- 1 courgette
- 1 carotte
- 1 dose de safran en poudre
- 2 cuill. à soupe d'huile de sésame
- Sel

Pelez les oignons et émincez-les. Épluchez la pomme, coupez-la en quartiers, retirez le cœur et les pépins, et hachez la chair.

Faites chauffer l'huile dans une cocotte. Faites-y revenir les oignons et les morceaux de poulet. Quand ils sont bien dorés, ajoutez la pomme hachée et poudrez de garam massala. Mélangez hors du feu. Ajoutez deux verres d'eau et les yaourts. Mélangez et remettez sur feu doux. Couvrez et faites cuire pendant 45 minutes.

Pendant ce temps, faites cuire le riz selon les indications du paquet. Égouttez-le. Épluchez la carotte et la courgette, et coupez-les en tout petits dés.

Faites chauffer l'huile dans une sauteuse. Faites-y revenir rapidement les dés de légumes, puis ajoutez le riz bien égoutté et le safran. Faites sauter 5 minutes à feu vif, puis salez.

Versez le riz dans un plat, creusez le centre et versez-y le massala de poulet. Servez aussitôt.

Vin conseillé Alsace-Gewurztraminer à 11 °C

Sauté d'agneau au curry et aux raisins secs

Préparation **15 min** | Cuisson **2 h 20** | Difficulté ★ | Budget

Les Ingrédients
pour 6 personnes

- 1,5 kg d'épaule d'agneau désossée coupée en morceaux
- 3 oignons
- 1 branche de céleri
- 4 gousses d'ail
- 2 citrons verts
- 2 piments rouges
- 100 g de raisins secs blonds
- 1 boîte de pulpe de tomate
- 1 cuill. à soupe de curry en poudre
- ½ bouquet de cerfeuil
- 10 cl d'huile d'olive
- Sel

Mettez les raisins dans une casserole, couvrez-les d'eau à fleur et portez à ébullition. Laissez bouillir jusqu'à complète évaporation de l'eau. Réservez. Épluchez et émincez les oignons, l'ail et la branche de céleri.

Faites chauffer l'huile dans une cocotte. Faites-y blondir l'oignon, l'ail et le céleri en remuant. Ajoutez les morceaux de viande et faites cuire en remuant jusqu'à ce que les morceaux de viande soient dorés de tous les côtés.

Ajoutez les raisins, la pulpe de tomate, le curry, les piments entiers, du sel et un verre d'eau. Couvrez et baissez le feu au minimum. Faites mijoter pendant 2 heures.

Pressez le jus des citrons. Lavez, séchez, effeuillez et ciselez le cerfeuil.

Au dernier moment, ajoutez le jus de citron et le cerfeuil dans le sauté d'agneau, mélangez et servez aussitôt.

Vin conseillé Côtes du Rhône-Villages rouge à 15 °C

Sauté d'agneau aux légumes

Préparation **35 min** Cuisson **1 h 10** Difficulté ★ Budget

Les Ingrédients

pour 6 personnes

- 1,5 kg d'épaule d'agneau désossée
- 1 kg de carottes
- 500 g de fèves fraîches
- 4 échalotes roses
- 1 botte de petits oignons blancs nouveaux
- 4 brins de thym citron
- 4 cuill. à soupe d'huile
- Sel, poivre

Pelez et coupez les carottes en rondelles. Épluchez les oignons et les échalotes. Coupez les échalotes en deux. Coupez la viande en gros cubes.

Faites chauffer l'huile dans une cocotte. Faites-y dorer les morceaux de viande et les échalotes en les retournant pour qu'ils colorent de tous les côtés.

Baissez le feu et ajoutez les carottes, les oignons et le thym. Salez et poivrez. Couvrez et faites mijoter à feu doux pendant 1 heure.

Pendant ce temps, plongez les fèves 1 minute dans de l'eau bouillante. Égouttez-les et rafraîchissez-les dans de l'eau glacée. Retirez la fine peau les recouvrant. En toute fin de cuisson du sauté d'agneau, ajoutez les fèves dans la cocotte.

Servez très chaud, directement dans la cocotte, accompagné de tagliatelles ou de pommes de terre vapeur.

Vin conseillé Bordeaux-Côtes de Francs rouge à 14 °C

Tajine d'agneau aux fruits secs

Préparation **20 min** Cuisson **1 h 30** Difficulté ★★ Budget

Les Ingrédients

pour 6 personnes

- 1,2 kg d'épaule d'agneau désossée
- 12 abricots secs
- 12 pruneaux
- 50 g de raisins secs blonds
- 30 g d'amandes mondées
- 3 bâtons de cannelle
- 1 cuill. à café rase de cumin en poudre
- 2 oignons
- 2 cuill. à soupe de miel liquide
- 6 cuill. à soupe d'huile d'olive
- 1 branche de coriandre
- Sel, poivre

- Découpez la viande en cubes. Pelez et hachez les oignons.
- Faites chauffer l'huile dans un tajine. Faites-y dorer les morceaux de viande sur toutes les faces. Retirez-les de la cocotte et remplacez-les par les oignons hachés. Faites-les revenir 1 minute en remuant, puis remettez la viande.
- Baissez le feu, ajoutez le miel, la cannelle en bâtons, le cumin et les amandes. Salez et poivrez. Mélangez, couvrez et laissez mijoter doucement pendant 1 heure.
- Ajoutez les abricots, les pruneaux et les raisins. Mélangez et prolongez la cuisson à couvert pendant 20 minutes.
- Quand le tajine est cuit, ôtez le couvercle, décorez d'une branche de coriandre fraîche et servez aussitôt.

Vin conseillé Tavel à 9 °C

Tajine de poulet aux poivrons

Préparation **30 min** Cuisson **1 h 30** Difficulté ★★ Budget

Les Ingrédients

pour 6 personnes

- 1 gros poulet
- 3 poivrons rouges
- 2 poivrons jaunes
- 50 g d'amandes mondées
- 1 cuill. à soupe de graines de sésame
- 3 tiges de coriandre fraîche
- 1 cuill. à café de graines de coriandre
- 3 gousses d'ail
- 1 petit piment rouge
- 4 cuill. à soupe d'huile d'olive
- Sel

Préchauffez le four en position gril. Lavez et séchez les poivrons, puis enfournez-les. Faites-les griller jusqu'à ce qu'ils soient complètement noirs. Sortez-les du four, enfermez-les dans un sac en plastique et laissez-les refroidir complètement. Pelez et épépinez-les, puis coupez-les en larges lamelles.

Coupez le poulet en morceaux. Concassez les graines de coriandre. Lavez et séchez les branches de coriandre fraîche. Lavez et séchez le piment.

Faites chauffer l'huile dans un tajine (ou dans une cocotte possédant un couvercle si vous n 'avez pas de tajine). Faites-y dorer les morceaux de poulet de tous les côtés. Quand ils sont bien colorés, ajoutez les gousses d'ail entières, les graines de coriandre et le piment entier. Salez. Couvrez et faites cuire 30 minutes à feu doux.

Ajoutez les poivrons en lamelles et les amandes dans le tajine, et poursuivez la cuisson 30 minutes.

Retirez le couvercle, ajoutez les branches de coriandre, parsemez de graines de sésame et servez aussitôt avec de la semoule aux raisins secs.

Vin conseillé Côtes du Roussillon-Villages à 16 °C

Tajine de poulet aux pommes de terre

Préparation **30 min** | Cuisson **1 h 50** | Difficulté ★★ | Budget

Les Ingrédients

pour 6 personnes

- 6 cuisses de poulet
- 500 g d'abricots secs
- 500 g de pruneaux
- 250 g de figues sèches
- 2 bâtons de cannelle
- 1 cuill. à café de safran en poudre
- 1 cuill. à café de cumin
- 1 cuill. à café de ras el hanout
- 2 oignons
- ½ cuill. à café de poivre noir en grains
- 1 cuill. à café de sel
- 100 g de beurre

Découpez la viande en cubes. Pelez et hachez les oignons. Pelez les pommes de terre et coupez-les en gros morceaux.

Faites fondre le beurre dans une cocotte. Quand il est fondu, faites-y dorer les morceaux de viande sur toutes les faces. Retirez-les de la cocotte et remplacez-les par les oignons hachés. Faites-les revenir 1 minute en remuant, puis remettez la viande.

Baissez le feu, ajoutez la cannelle en bâtons, le safran, le cumin, le ras el hanout, le poivre et le sel. Mélangez, versez un verre d'eau dans la cocotte, couvrez et laissez cuire doucement pendant 1 heure.

Ajoutez les fruits secs et les pommes de terre. Mélangez, remettez un peu d'eau et prolongez la cuisson à couvert pendant 40 minutes.

Quand le tajine est cuit, versez-le dans un plat et servez-le très chaud.

Vin conseillé Lirac rosé à 10 °C

Compote de pommes et de quetsches

Préparation **10 min** Cuisson **1 h** Difficulté ★ Budget ⬭

Les Ingrédients

pour 6 personnes

- 500 g de pommes
- 500 g de quetsches
- 150 g de sucre en poudre
- 1 bâton de réglisse
- Le jus d'un citron

- Épluchez les pommes. Coupez-les en quatre et retirez les cœurs et les pépins. Ouvrez les prunes en deux et retirez les noyaux.
- Coupez les fruits en petits cubes. Mettez-les dans une casserole. Saupoudrez-les de sucre et arrosez-les de jus de citron. Ajoutez le bâton de réglisse et couvrez.
- Placez sur feu très doux et faites cuire pendant 1 heure en remuant régulièrement.
- Ôtez le bâton de réglisse et mixez la compote finement. Versez-la dans un compotier et laissez-la refroidir complètement. Placez ensuite au frais jusqu'au moment de servir.
- Accompagnez la compote de biscuits à la cannelle.

Vin conseillé Muscat d'Alsace à 8 °C

Compotée d'abricots à la lavande

Préparation **5 min** Cuisson **25 min** Difficulté ★ Budget ○

Les Ingrédients

pour 6 personnes

- 600 g d'abricots
- 120 g de sucre en poudre
- Le jus d'un citron
- 6 tiges de lavande en fleurs

- Ouvrez les abricots en deux et dénoyautez-les.
- Dans une casserole, mélangez les oreillons d'abricots, le sucre, le jus de citron et les fleurs de lavande.
- Portez à ébullition, puis baissez le feu et faites cuire 25 minutes à feu doux en remuant de temps en temps.
- Retirez du feu, versez la compotée dans un saladier et laissez-la refroidir.
- Servez avec des tuiles aux amandes ou en accompagnement de fromage blanc en faisselle.

Vin conseillé Muscat de Rivesaltes à 8 °C

Compotées d'été

Préparation **45 min** Cuisson **50 min** Repos **24 h** Difficulté ★★ Budget

Les Ingrédients
pour 6 personnes

Pour la confiture de fraises-rhubarbe :

- 500 de fraises
- 500 g de rhubarbe
- 700 g de sucre cristal
- Le jus d'un citron

Pour la confiture de pommes-prunes :

- 500 g de prunes
- 3 pommes
- 750 g de sucre cristallisé
- Le jus d'un citron

Préparez la compotée de fraises-rhubarbe : lavez et équeutez les fraises. Épluchez et coupez la rhubarbe en tronçons. Faites-les macérer 24 heures dans une bassine avec le sucre et le jus de citron en remuant de temps en temps.

Le lendemain, filtrez le jus dans une bassine à confiture. Ajoutez la rhubarbe et portez à ébullition. Faites cuire à petits bouillons pendant 15 minutes environ, en remuant souvent. Ajoutez les fraises et poursuivez la cuisson 10 minutes. Vérifiez la cuisson en versant une cuillère de confiture sur une assiette. En retournant l'assiette, la confiture doit être légèrement coulante et napper le fond de l'assiette. Retirez du feu et mettez en pots.

Préparez la compotée de pommes-prunes : lavez les prunes et dénoyautez-les. Épluchez et coupez les pommes en petits cubes. Faites macérer les fruits avec le sucre et le jus de citron, mélangez, puis couvrez et laissez reposer au frais pendant 24 heures.

Le lendemain, mettez le tout dans une bassine à confiture. Portez à ébullition en remuant avec une cuillère en bois, puis faites cuire à feu moyen pendant 20 minutes. Retirez l'écume. Vérifiez la cuisson et effectuez la mise en pots comme expliqué précédemment.

Servez ces compotées au petit-déjeuner ou en dessert en accompagnement d'un fromage blanc.

Vin conseillé Monbazillac à 7 °C

Confit d'abricots au sésame et au basilic

Préparation **15 min** Cuisson **45 min** Difficulté ★ Budget ⬭

Les Ingrédients

pour 6 personnes

- 500 g d'abricots
- 100 g de sucre en poudre
- 2 cuill. à soupe de graines de sésame
- 3 tiges de basilic

- Ouvrez les abricots en deux et retirez les noyaux. Mettez les oreillons dans une casserole. Poudrez de sucre, ajoutez 10 cl d'eau, mélangez et couvrez.
- Faites cuire 45 minutes à feu très doux en remuant régulièrement.
- Répartissez le confit d'abricots dans deux contenants et laissez refroidir.
- Pendant ce temps, lavez, séchez, effeuillez et ciselez le basilic. Une fois le confit refroidi, parsemez-en un de basilic ciselé et l'autre de graines de sésame.
- Servez en accompagnement d'une viande rouge ou sur des tartines de pain de campagne grillées.

Vin conseillé Pacherenc du Vic Bilh moelleux à 7 °C

Confiture de cerises aux amandes

Préparation **25 min** | Cuisson **20 min** | Marinade **24 h** | Difficulté ★★ | Budget

Les Ingrédients
pour 6 personnes

- 1 kg de cerises
- 700 g de sucre cristal
- 150 g d'amandes entières
- Le jus d'un citron

Lavez et équeutez les cerises. Dénoyautez-les. Mettez-les dans une bassine et ajoutez le sucre, les amandes et le jus de citron. Mélangez et laissez macérer 24 heures en remuant de temps en temps.

Le lendemain, versez la préparation dans une bassine à confiture. Portez doucement à ébullition et laissez cuire à petits bouillons pendant 20 minutes environ.

Vérifiez la cuisson de la confiture en versant une petite cuillère de confiture sur une assiette. Retournez l'assiette, la confiture doit être légèrement coulante et napper le fond de l'assiette. Si ce n 'est pas le cas, prolongez la cuisson jusqu'à ce que la confiture nappe l'assiette.

Retirez du feu et laissez refroidir complètement avant de mettre en pots.

Servez sur des tartines de pain de campagne avec des fromages corses, ou pour agrémenter un fromage blanc en faisselle.

Vin conseillé Clairette de Die à 7 °C

Figues aux fruits secs

Préparation **10 min** Cuisson **20 min** Difficulté ★ Budget

Les Ingrédients
pour 6 personnes

- 24 grosses figues sèches
- 35 g de cerneaux de noix
- 1 écorce d'orange
- 1 bâton de cannelle
- 2 clous de girofle
- 15 cl de cognac
- 150 g de sucre en poudre

- Versez le sucre dans une casserole. Ajoutez 5 cl d'eau, le cognac, le bâton de cannelle, les clous de girofle et l'écorce d'orange.
- Portez à ébullition et laissez bouillir 5 minutes. Ajoutez les figues et les noix.
- Couvrez et faites cuire à feu doux pendant 15 minutes en mélangeant de temps en temps.
- Répartissez les fruits dans des ramequins, arrosez du sirop de cuisson et laissez refroidir.
- Servez avec de la crème fraîche épaisse et des tranches de pain d'épices.
- Vous pouvez remplacer le cognac par des feuilles de thé parfumé enfermées dans une mousseline.

Vin conseillé Pineau des Charentes à 9 °C

Mirabelles au caramel flambées

Préparation **10 min** Cuisson **15 min** Difficulté ★★ Budget

Les Ingrédients

pour 6 personnes

- 600 g de mirabelles
- 15 g de beurre
- 30 g de sucre en morceaux
- Eau-de-vie de mirabelle

Lavez et séchez les mirabelles. Mettez-les dans une casserole et faites-les cuire à feu doux pendant 10 minutes. Retirez-les du feu, égouttez-les avec une écumoire et récupérez le jus de cuisson.

Versez le sucre dans une sauteuse. Ajoutez le jus de cuisson des mirabelles et faites cuire jusqu'à obtention d'un caramel blond.

Ajoutez le beurre dans le caramel, mélangez, puis ajoutez les mirabelles. Mélangez bien pour enrober les mirabelles de caramel.

Disposez les mirabelles dans des assiettes, ajoutez une boule de crème glacée à la vanille ou de sorbet à la poire.

Faites chauffer un peu d'eau-de-vie dans une casserole à flamber (ou dans une petite casserole), faites flamber et versez sur les assiettes.

Vin conseillé Saussignac à 13 °C

Poires au pain d'épices

Préparation **15 min** | Cuisson **55 min** | Difficulté ★ | Budget ○

Les Ingrédients

pour 6 personnes

- 6 poires
- 300 g de sucre en poudre
- 4 tranches de pain d'épices
- 1 étoile de badiane
- 1 bâton de cannelle

Versez le sucre et ½ l d'eau dans une cocotte. Mélangez bien et portez à ébullition. Ajoutez le bâton de cannelle cassé en morceaux et l'étoile de badiane. Laissez bouillir 10 minutes.

Pendant ce temps, épluchez les poires et coupez-les en deux. Ajoutez les poires dans la cocotte et baissez le feu au minimum. Faites cuire 40 minutes en arrosant régulièrement les poires du sirop de cuisson.

Émiettez les tranches de pain d'épices. 10 minutes avant la fin de la cuisson des poires, parsemez-les de pain d'épices.

Retirez ensuite la cocotte du feu et laissez tiédir.

Servez les poires dans des petits bols, arrosez-les d'un peu de sirop de cuisson et accompagnez-les d'une crème glacée à la vanille.

Vin conseillé Jurançon moelleux à 7 °C

Pommes farcies aux fruits secs

Préparation **20 min** Cuisson **1 h 20** Difficulté ★★ Budget ⬭

Les Ingrédients
pour 6 personnes

- 6 grosses pommes tenant bien à la cuisson
- 4 abricots secs
- 100 g de raisins secs blonds
- 50 g de raisins secs noirs
- 100 g de zeste d'orange taillé finement
- 200 g de sucre en poudre
- 4 cuill. à soupe de miel liquide
- 1 cuill. à café de cannelle
- 1 citron
- 1 petit pot de crème fraîche

Pressez le jus du citron. Lavez et coupez le chapeau des pommes, et évidez-les. Citronnez l'intérieur. Coupez les abricots secs en petits dés.

Versez le sucre dans une casserole. Ajoutez 40 cl d'eau et portez à ébullition. Ajoutez les raisins secs, les abricots secs et le zeste d'orange. Faites cuire pendant 20 minutes environ, jusqu'à ce qu'ils soient confits.

Posez les pommes évidées dans une grande cocotte, bien serrées les unes à côté des autres. Remplissez-les de fruits secs confits. Arrosez de miel et saupoudrez de cannelle.

Versez un demi-verre d'eau dans le fond de la cocotte et placez sur feu très doux. Faites cuire 1 heure en arrosant régulièrement les pommes de leur jus de cuisson.

Servez les pommes tièdes avec de la crème fraîche épaisse.

Vin conseillé Muscat de Frontignan à 7 °C

Risotto à la vanille et à la rhubarbe

Préparation **20 min** Cuisson **1 h 35** Réfrigération **2 h** Difficulté ★★ Budget ⬭

Les Ingrédients
pour 6 personnes

- 150 g de riz rond
- 2 l de lait
- 100 g de sucre en poudre
- 1 cuill. à soupe de vanille en poudre

Pour la compote de rhubarbe :

- 1 kg de rhubarbe
- 50 g de sucre en poudre
- 1 cuill. à café de zeste de citron râpé

Versez le lait, le sucre, la vanille en poudre et le riz dans une cocotte à fond épais. Mélangez et mettez sur feu très doux. Faites mijoter 1 heure à 1 heure 15 en remuant de temps en temps.

Pendant ce temps, lavez la rhubarbe et coupez-la en tronçons. Mélangez le sucre et le zeste de citron. Mettez la rhubarbe dans une casserole et saupoudrez-la du mélange sucre-zeste.

Placez la casserole sur feu doux et faites cuire 5 minutes en remuant. Ajoutez alors 5 cl d'eau et prolongez la cuisson 15 minutes. Retirez du feu et laissez tiédir.

Retirez le riz au lait du feu et laissez-le refroidir. Répartissez le riz au lait et la compote de rhubarbe dans des verres en les alternant.

Placez au frais pendant au moins 2 heures avant de servir.

Vin conseillé Coteaux du Layon à 7 °C

Tajine de fruits

Préparation **25 min** Cuisson **30 min** Difficulté ★ Budget

Les Ingrédients

pour 6 personnes

- 12 prunes violettes
- 18 mirabelles
- 2 belles poires
- 6 abricots
- 2 belles pêches
- 100 g de grains de raisin blanc
- 1 cuill. à soupe de pistaches non salées mondées
- 1 grappe de poivre vert
- 2 gousses de vanille
- 2 écorces d'oranges
- 3 cuill. à soupe de miel liquide
- 1 cuill. à soupe de cannelle
- 1 gousse de cardamome

- Lavez les prunes. Épluchez les poires, les pêches et les grains de raisin. Dénoyautez les prunes, les pêches et les abricots. Détaillez les poires en lamelles.
- Mettez tous les fruits dans un tajine, en couches successives. Arrosez-les de miel.
- Ajoutez les écorces d'oranges, le poivre vert, les gousses de vanille fendues en deux dans la longueur, la cannelle, la cardamome et les pistaches.
- Couvrez et mettez sur feu très doux. Faites mijoter 30 minutes.
- Servez tiède avec de la crème fraîche épaisse.

Vin conseillé Sainte-Croix-du-Mont à 7 °C

Index

Index par ingrédients

Fruits

Légumes

Champignons

Herbes

Condiments, épices

Poissons, fruits de mer

Viandes

Alcool

Épicerie

© 2007, Éditions Clorophyl

Textes des recettes. Crédits iconographiques : Agence Sucré Salé
Photographes : Adam, Amiard, Bagros, Bilic, Boulay-Paquin, Caillaut, Caste, Fénot, Fleurent, Food § Drink, Guedes, Hall, Lawton, Leduc, Norris, Poisson d'avril, Radvaner, Riou, Roulier/Turiot
Conception et adaptation : Idées Book
Création et mise en page : a linea infographie et création
Code Éditeur : 2-35086
Dépôt légal : Septembre 2007
Imprimé et relié en Italie